LA GRAN AVENTURA DE

La Cabra

Escrito por Laura Futrell
Traducido por Karol Vasquez

LA GRAN AVENTURA DE
La Cabra

Ethen Weber pierde a su cabrito, BJ.
BJ se embarca en una aventura, una
gran aventura de cabras.

Dedicado a Jeremiah Swihart

1.

Este es Ethan Weber.

Él tiene
cinco años.

Vive en un pueblo
llamado Monte Verde .

Es el cumpleaños de Ethan.

El día es 19 de Septiembre.

Ethan recibió muchos regalos por su cumpleaños.

3.

El abuelo Norm le dio a Ethan una cabra como regalo de cumpleaños.

"Gracias." dijo Ethan.

Ethan estaba muy agradecid o con el abuelo Norm.

Ethan llamó a su
cabra BJ.

Amaba mucho a su cabra.

5.

Ethan dejó a BJ
en el patio trasero.
Ethan se
preparó para
ir a la cama.

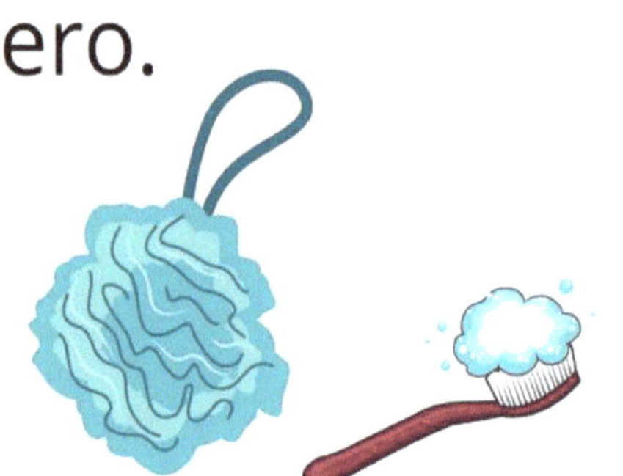

Se lavó la cara y se
cepilló los dientes.

Después de
que Ethan se
metió en la
cama, su
mamá lo
arropó para
pasar la
noche.

6.

7.

A la mañana siguiente,
Ethan fue a darle de comer
a BJ.

Ethan no pudo
encontrar a BJ en
ninguna parte.

"¿Dónde está BJ?" dijo
Ethan.

Los padres de Ethan
lo llevan a buscar a
BJ en el auto.

9.

BJ estaba en una aventura.

BJ pasó por el parque
donde a Ethan le gustaba
jugar.

BJ se detuvo para
dejar pasar un tren.

Después de
que pasó el
tren, BJ cruzó
las vías.

11.

BJ pasó por delante de la escuela y el patio de recreo de Ethan.

12.

Finalmente, Ethan y sus
padres encontraron a BJ en
las cercanías del parque
del pueblo, comiendo
flores.

"BJ, ¡estoy tan contento de
haberte encontrado!"
exclamó Ethan.

Los padres de Ethan
pusieron a BJ en el auto
con Ethan.

14.

Llevaron a BJ a vivir a la
granja del abuelo Norm.

15.

16.

BJ vivía en la granja con
un caballo y un burro,
una vaca y un cerdo,
una oveja y un pato,

y muchas gallinas.

17.

Ethan visita a BJ
todos los miércoles
y sábados.

18.

El Fin.

Otros libros del mismo autor...

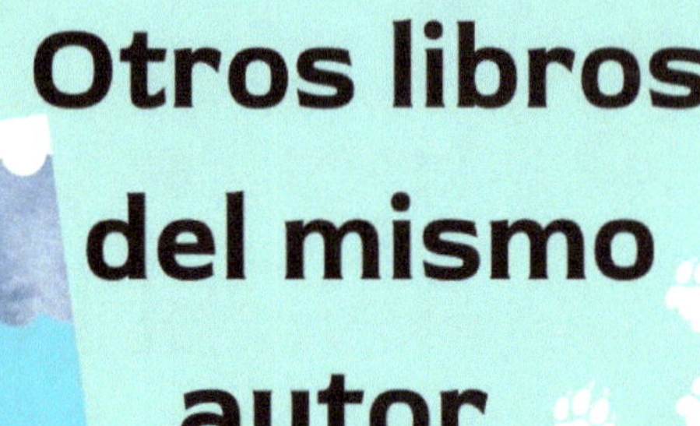

Life and adventures of JAX the Pitbull

Series 1   Book 2
Life and adventures of JAX the Pitbull
finding my fur-ever family

Y proximamente

Series 1 Book 3
Life and adventures of JAX the Pitbull
And his brothers
By Laura Futrell

Series 2 Book 1
JAX the Pitbull
Shares about his friends
Introducing REDDING

Nombre:__________

Colorea el tuyo BJ

Nombre:_______________

Dibuja tu propio BJ

9 798814 476043